AF563656

DE LA COLONISATION DE LA COCHINCHINE

PAR

G. FRANCIS

PARIS
CHALLAMEL AINÉ, ÉDITEUR
LIBRAIRE COMMISSIONNAIRE POUR LA MARINE, LES COLONIES ET L'ORIENT
RUE DES BOULANGERS-SAINT-VICTOR, 30 (5e arrondissement.)
1865

DE LA COLONISATION DE LA COCHINCHINE.

Depuis que, sous le régime impérial, la France a repris vis-à-vis de l'Europe le rang et le langage qui lui appartiennent, elle semble avoir tenu à honneur de relever successivement toutes les parties de son influence, tous les éléments de sa force, affaiblis ou négligés sous les régimes précédents.

A l'impulsion industrielle intérieure, elle a essayé d'ajouter le développement commercial et l'action maritime extérieure; et, remontée au premier rang des puissances, elle a voulu disputer aussi la première place dans la lutte pacifique des intérêts et des richesses. On ne saurait nier le pas immense fait depuis quinze ans par notre pays dans cette voie nouvelle, et l'élan manufacturier, industriel et commercial qui s'est manifesté pendant cette période en sera une des gloires les plus incontestables.

A ce point de vue, la colonisation de la Cochinchine

peut être considérée comme l'un des plus brillants résultats qu'ait obtenus la politique impériale. Elle a donné un éclatant démenti à ces anglomanes obstinés qui refusent à la France toute aptitude coloniale, et nous a ramenés aux plus glorieuses époques de ce passé maritime qu'ils affectent de méconnaître. Si l'on mesure en effet les résultats acquis au peu de temps écoulé depuis la conquête, on reconnaîtra que nous n'avons été nullement inférieurs à nos habiles devanciers des XVIIe et XVIIIe siècles, et que les circonstances seules, et non le génie de la nation, avaient arrêté pendant un demi-siècle le développement de ses destinées extérieures.

On peut d'autant plus se féliciter de l'état actuel de prospérité de notre nouvelle colonie, que son avenir avait été un instant compromis, son existence même mise en question par un traité, qui n'a été définitivement rejeté par le Gouvernement qu'après une lutte assez vive et des hésitations cruelles. On peut le dire aujourd'hui, le département de la marine, en défendant aussi énergiquement qu'il l'a fait l'intégrité de notre territoire cochinchinois, a rendu à la France un éclatant service, et la conservation de cette possession magnifique sera pour lui un succès encore plus glorieux que l'avait été sa conquête elle-même.

Mais ce succès doit-il suffire et a-t-on assez fait pour notre colonie?

A-t-elle atteint une assiette vraiment stable et des proportions définitives?

Est-elle dotée d'une administration en rapport avec ses besoins, d'une constitution qui lui assure un avenir fécond et prospère?

Est-elle placée, au point de vue agricole et commercial, dans des conditions normales de développement et de progrès?

Telles sont les questions qui se sont présentées tout d'abord dès que les préoccupations et les inquiétudes causées par le traité Aubaret se sont trouvées heureusement apaisées, et que je vais essayer d'étudier rapidement dans cette brochure.

L'opinion publique, en France, autrefois si indifférente à ces sortes de matières, commence à prendre à leur discussion un intérêt puissant et une part active. C'est à elle qu'il appartient de faire cesser les indécisions du Gouvernement à l'égard de notre colonie, en se prononçant énergiquement en sa faveur, en témoignant pour elle les sympathies et les vœux que lui inspireront un examen sérieux et éclairé de l'état actuel des choses en Cochinchine.

Rien de plus encourageant, en effet, que l'impression qui résulte de cet examen : une vie intérieure, libre et protectrice, commence à se répandre dans le pays; une vigoureuse impulsion commerciale vient y hâter la production et y développer la culture ; une administration ferme et honnête, après avoir sauvé la colonie par l'ordre qu'elle a su établir dans ses finances, sait résister avec sagesse à toute tentation d'agrandissement et ne pas engager la métropole en dehors de la mesure de ses moyens disponibles. — Il ne faut cependant pas oublier que l'organisation présente n'est et ne saurait être que provisoire, et qu'au début de toute colonisation, il est un état de choses tout de transition, destiné à ménager le passé et à préparer l'avenir, que l'on ne peut prolonger trop longtemps sans danger, et que l'on doit modifier promptement avec les circonstances.

Mais si, dans ce qui suit, j'ai essayé de démontrer l'urgence de ces modifications, si j'ai appuyé sur les inconvénients qui résulteraient à la longue du régime actuel de notre colonie, je veux, dès le début, préciser l'impression générale qui doit ressortir de cette étude, afin qu'on ne puisse se méprendre sur la portée et le sens de la pensée qui a inspiré les critiques qu'elle contient.

I.

Depuis le rejet des négociations ouvertes avec la cour de Hué, en juillet 1864, la colonie se trouve replacée dans les conditions territoriales que lui avait assignées le traité du 6 juin 1862. Si le principe qui a fait repousser toute idée d'amoindrissement de notre puissance en Cochinchine repose sur des bases rationnelles et indiscutables, il convient d'en admettre toutes les conséquences et d'en faire triompher toutes les conclusions. Sinon, l'on se débattra sans cesse dans un juste milieu stérile, qui admet les causes et n'ose développer les effets et qui fait avorter les résultats les plus légitimes et les plus précieux de cinq années de luttes et de sacrifices.

On a si souvent démontré que la possession de nos trois provinces restait insuffisante et devenait dangereuse si on ne la complétait dans un délai très-court par la conquête du reste de la Basse-Cochinchine, que je n'ai pas l'intention de revenir longuement sur les preuves d'un fait que le simple examen d'une carte suffit à constater.

On sait que les Annamites eux-mêmes ont toujours

considéré les six provinces comme formant un tout indivisible, et que la conquête du territoire de Bien-Oa sur le royaume du Cambodge les a fatalement entraînés à celle de tout le reste du Delta. Si cette nécessité existait pour le peuple annamite, elle devient bien plus impérieuse encore pour des conquérants européens qui, éprouvant plus de difficultés à s'assimiler la race vaincue, doivent lui laisser moins d'échappatoires, et l'isoler davantage de toute influence extérieure.

Séparées complétement du reste de l'empire, avec lequel elles ne peuvent avoir de communications que par le territoire français, les trois provinces annamites de la Basse-Cochinchine, sous des administrateurs tremblants et toujours en éveil, sont placées dans une situation trop anormale et trop précaire pour ne pas désirer vivement voir mettre un terme à cet état de choses. Aussi, tant qu'un espoir d'indépendance restera aux cœurs annamites, — et il faut reconnaître que notre attitude hésitante a contribué à l'entretenir, au delà peut-être de ce qu'il convenait à notre dignité, — ces trois provinces seront-elles le refuge de tous les dissidents, le foyer de toutes les tentatives de révolte que nous aurons à combattre.

Astreints à la surveillance la plus scrupuleuse et malheureusement la plus insuffisante, à l'égard des agents de Hué, que les traités nous obligent à laisser circuler sur notre territoire, nous ne pouvons ni empêcher leurs tentatives d'enrôlement, ni combattre l'impression fâcheuse que produisent toujours sur les

Annamites le passage et la vue de leurs anciens mandarins. Nous subirons fatalement, en raison même de la situation géographique que nous aurons acceptée, l'hostilité sourde et permanente de la classe élevée de la population, l'hésitation défiante et ruineuse des masses.

La province de Mytho, qui, par sa position et ses communications avec l'intérieur, semblerait appelée à une importance et à un accroissement extraordinaires, est celle qui souffre le plus de cet état de choses. A l'inverse des deux autres provinces françaises, loin de se remettre des secousses de la conquête, elle paraît continuer à en supporter tout le poids. Séparée du territoire annamite par la seule largeur d'un bras du Cambodge, sur une étendue de plus soixante-dix milles, elle souffre cruellement de ce voisinage hostile, et subit à elle seule tout l'effort d'une piraterie qui trouve à côté d'elle asile et protection. Malgré une surveillance de canonnières, aussi fatigante que coûteuse, nous n'avons encore pu arriver à protéger nos riverains contre les déprédations, les incendies, les assassinats, auxquels beaucoup essaient de se soustraire en évacuant notre territoire. Il en est résulté une dépopulation au profit des provinces annamites, qu'il est vraiment décourageant de constater, dans une province aussi riche, aussi fertile, autrefois aussi cultivée que celle de Mytho. Des 18,000 inscrits (1) qu'elle comptait à notre arrivée, il en reste

(1) Propriétaires.

aujourd'hui 8,000; et, au moment même où j'écris ces lignes, deux communes entières viennent de déserter le sol français pour passer sur la rive annamite. Sans doute, la cause de ces faits est plus complexe que je ne l'indique et j'y reviendrai plus loin ; mais on ne peut nier qu'ils ne dérivent tous plus ou moins de la singulière délimitation de nos possessions en Cochinchine.

Si, du point de vue administratif et politique, je passe à la question commerciale, les inconvénients que présente la division actuelle de la Basse-Cochinchine, deviennent plus sensibles encore. Peut-on se flatter de posséder le débouché du Cambodge, quand on n'en occupe qu'un des bras les moins importants; quand, vis-à-vis de Mytho même, se trouve, sur le territoire annamite, un marché aussi considérable que celui de Sadec, où le cabotage peut venir enlever directement les produits que nous essayons de diriger sur Saïgon. Peut-on espérer faire de ce dernier point l'entrepôt général des productions de l'Indo-Chine centrale, quand le grand fleuve peut les déverser par le canal de Hatien dans le golfe de Siam. Que l'on n'oublie pas que Bang-Kok a, pour contrebalancer les avantages de la position de Saïgon, des capitaux hardis et considérables, la priorité d'établissement, un courant d'affaires déjà établi avec l'intérieur, et qu'il suffit, pour que sa concurrence nous soit ruineuse, d'une guerre avec les trois provinces annamites du Delta du Cambodge et de quelques négociants intelligents à Hatien, à Cam-Pot, à Bang-Kok.

Je n'insisterai pas plus longuement sur la nécessité, naïve à force d'être évidente, qu'il y a de réunir sous la même domination les six provinces de la Basse-Cochinchine; leur occupation serait certainement moins dispendieuse et moins pénible que celle de notre territoire actuel, puisqu'elle réduirait immédiatement nos frontières de soixante-dix milles d'arroyos fort difficiles à garder.

Nous donnons en ce moment-ci le spectacle bizarre de gens qui prennent plus de mal pour se restreindre à une frontière factice et contraire à leurs intérêts bien compris, qu'il n'en faudrait pour doubler leurs possessions et atteindre immédiatement le but qu'ils s'étaient proposé; qui s'évertuent à faire, en vue d'une rive ennemie, une chasse infructueuse à des pirates insaisissables, au grand détriment de leurs riverains, au grand avantage de leurs adversaires, quand il n'y aurait qu'à mettre le pied sur cette rive, pour faire cesser cet état de choses désastreux et humiliant.

Croit-on donc vraiment que la conquête des provinces annamites entraînerait à de graves difficultés, créerait des embarras réellement sérieux? L'expérience déjà acquise en Cochinchine permet à cet égard de calculer avec certitude les efforts à faire et les chances à risquer, et je suis sûr de ne trouver aucun contradicteur parmi ceux qui connaissent le pays à fond, en affirmant que cette conquête, habilement conduite, pourrait ne pas coûter plus de sang que certaine bataille sans larmes de l'antiquité. Comme je le disais plus haut, les trois provinces annamites de la Basse-Cochinchine sont placées dans une position insoutenable, au point de vue politique et commercial. Le jour où tout espoir de nous voir évacuer le pays leur sera démontré chimérique, elles commenceront à entrevoir la nécessité de se jeter dans nos bras, et déjà même, depuis que toute chance de voir ratifier le traité Aubaret leur semble perdue, elles laissent paraître des symptômes d'un revirement d'idées en notre faveur ; au moins dans la province de Vinh-Long. Les hauts fonctionnaires annamites y désespèrent tellement de leur propre cause et de l'avenir de leur domination, qu'ils songent déjà aux moyens de se ménager une position sous le régime français. Le Quan-Bo de Vinh-Long, première autorité de la province, visitant le gouverneur de Mytho, M. Durand de Saint-Amand, lui demandait récemment, si, en cas de conquête, on le conserverait dans ses fonctions. Aucun fait, ce me semble, ne saurait être d'un plus heureux indice, et quoique peu partisan du Gouvernement et de l'Administration par les lettrés annamites, il me paraît, qu'en telle occurrence, on ne saurait mieux faire que de garder, au moins pendant quelque temps, les fonctionnaires indigènes qui en témoigneraient sincèrement le désir. On éviterait de la sorte les secousses violentes et les désordres ruineux qui se produisent lors d'un brusque changement de domination ; les populations, restées en rapport avec les mêmes administrateurs, passeraient, sans s'en apercevoir, d'un régime sous l'autre, et la transition ainsi ménagée n'épuiserait le pays ni d'une gerbe ni d'un habitant. Enfin, la classe hostile par essence, celle des lettrés, en voyant les mandarins les plus haut placés et les plus intelligents donner l'exemple de la soumission et se ranger sous les bannières des vainqueurs, n'aurait plus qu'à s'incliner à son tour et renoncerait à toute velléité de résistance.

Le sentiment qu'ont les Annamites de leur impuissance militaire vis-à-vis de nous dans une lutte régulière, est arrivé aujourd'hui à un point tel, qu'une petite canonnière, c'est-à-dire vingt hommes et un canon, peut se présenter impunément devant tous les chefs-lieux de province et y dicter des lois. Si l'on sait renoncer au plaisir de faire un bulletin ou de proclamer une victoire, on peut, par des mesures d'ensemble bien combinées et une grande rapidité d'exécution, prendre sans coup férir, tous les points importants du Delta du Cambodge et en prononcer l'annexion à la Cochinchine française. La soumission des villages s'accomplira ensuite rapidement par les soins seuls de l'administration indigène, et en dehors de toute pression militaire. Cette conquête des trois provinces annamites n'exigerait, comme on le voit, qu'une rapide dissémination de troupes à l'aide de bâtiments de flottille; et si sur quelques points, comme An-jiong ou Chaudoc, on trouvait apparence de résistance, ce ne serait qu'un vain simulacre des mandarins, jaloux de sauvegarder par cette plaisanterie leur honneur militaire et leurs malles, faites déjà bien à l'avance. Pour réaliser cette prise de possession, il ne serait nécessaire d'augmenter ni d'un homme, ni d'un navire le corps expéditionnaire de Cochinchine, et si je m'aventure à affirmer ce fait, c'est que telle proposition a été faite par le gouverneur lui-même de la colonie.

Si l'on objecte que nous sommes en paix avec la cour de Hué et que rien ne justifierait une conquête aussi brutale, je répondrai que cette cour s'est attendue à cette conquête, du jour où elle a dû renoncer à tout espoir d'évacuation; que depuis qu'elle ne croit plus avoir de ménagements à garder, elle nous donne quotidiennement des raisons plus que valables de rompre toute convention diplomatique; que ce serait singulièrement se méprendre sur la nature des relations avec le Gouvernement annamite, que d'en raisonner au point de vue européen, et compromettre réellement les intérêts du pays, les résultats des énormes sacrifices déjà faits, que de rester dans un *statu quo* inacceptable, que de se refuser, comme je le disais en commençant, aux développements logiques du principe d'occupation, ce principe une fois admis.

Avec un gouvernement d'une mauvaise foi aussi traditionnelle que le Gouvernement annamite, il est prudent, pour garantir l'avenir et marcher, sans crainte de trouble, à un but certain, de se créer une position telle que la tranquillité de la colonie ne puisse dépendre du plus ou du moins de bonne foi dans l'exécution des traités; et c'est cette situation désirable que nous assurerait d'une manière merveilleuse la possession complète de la Basse-Cochinchine.

Séparés alors de l'empire d'Annam par une étroite frontière montagneuse, facile à surveiller, reliés au royaume de Siam et à l'intérieur de l'Indo-Chine par un état ami et dépendant, le Cambodge, toute cause sérieuse de guerre ou d'agrandissement disparaîtrait pour toujours; à la conquête matérielle pourrait venir se joindre la conquête commerciale et scientifique que les vastes régions qui nous entourent réclament encore de la France. L'initiative seule du Gouvernement peut, dans cette voie nouvelle, amener des résultats féconds et sauvegarder les intérêts bien entendus de la colonie. Au début surtout, il serait peu sage de laisser la cupidité particulière se livrer sans contrôle à la recherche et à l'exploitation des richesses qui nous avoisinent; ce serait vouloir en fermer la source aussitôt. L'influence d'un Européen est trop grande, et l'autorité que lui assure la protection de la France trop excessive dans ces contrées, pour qu'il ne soit pas tenté d'en abuser et de compromettre pour l'avenir les relations des indigènes avec nous. A cet égard, quelques faits se sont déjà produits qui peuvent éclairer sur la marche à suivre, et les vrais négociants, qui ont succédé aux premiers aventuriers, ont su ce qu'il leur en coûtait pour rétablir la confiance perdue et faire croire à la loyauté de leurs transactions.

Le Gouvernement doit non seulement encourager toute tentative d'exploration présentant des garanties de moralité suffisantes, mais encore les provoquer et les faire exécuter lui-même sur des programmes sérieusement étudiés d'avance. Son attention, longtemps distraite, commence heureusement à se préoccuper de ce côté important de la question coloniale, et le Ministre de la Marine a annoncé, il y a quelques mois, à la Société de Géographie, son intention de faire explorer prochainement la vallée et le cours du Cambodge. Il ne saurait y avoir de doutes sur l'active impulsion que recevrait le mouvement des denrées et des matières premières de la zone intérieure vers Saïgon, après l'accomplissement d'un voyage de cette nature; et la science pourrait, à son tour, en espérer les plus grandes et les plus intéressantes découvertes. Je n'insisterai pas davantage sur ce sujet, déjà indiqué dans une brochure précédente (1). Cette conquête pacifique, qui donnerait à la France une si grande influence politique et commerciale sur une région qui semble appelée à devenir un jour l'intermédiaire de la Chine avec l'Europe, est la seule qui puisse légitimer et féconder la prise de possession de la Basse-Cochinchine.

---

(1) *La Cochinchine française en 1864*, in-8°. (Dentu et Challamel.)

II.

Ce qui frappe tout d'abord, si on examine le régime auquel est soumise la Cochinchine française, c'est de voir, au bout d'un si petit nombre d'années et d'une si récente conquête, un essai d'administration civile se faire jour sous un gouvernement qui, en définitive, est et restera militaire. — C'est à cette tendance, sans aucun doute, que l'on doit attribuer le développement rapide de la colonie, et ce ne sera que de sa consécration formelle, de la séparation définitive des pouvoirs, que l'on pourra attendre la réalisation des espérances déjà conçues.

Tant que cette question restera indécise, les fluctuations inhérentes au régime militaire, le manque absolu de contrôle et de discussion qui le caractérise, pèseront d'une lourde manière sur les destinées de la Cochinchine, et il suffira d'un changement de personnes pour compromettre en un jour les résultats heureux de plusieurs années. Rien de plus délicat, je le sais, qu'une démonstration en pareille matière, et l'on me pardonnera si, dans ce qui suit, la crainte de blesser quelques opinions reçues et quelques préjugés respectables rend quelquefois mon expression hésitante. Que l'on veuille bien ne voir ici qu'une opinion impartiale et désintéressée, qui n'entend nullement méconnaître, de parti pris, les services dévoués rendus sous un régime qui a paru, jusqu'à présent, si difficile à remplacer.

Toute organisation intelligente doit essayer de se baser sur une communauté, une identité d'intérêts entre l'administrateur et l'administré. A cette seule condition, le premier pourra être le représentant naturel, l'avocat zélé du second, faire connaître ses besoins et valoir ses droits. Du conflit de tous les intérêts ainsi représentés, de la pondération équitable des influences dont ils disposeront, naîtra l'équilibre social; des exagérations contraires, qui se produiront inévitablement, ressortiront la vérité et la juste appréciation des faits. Tel est l'état des choses en France, où chaque élément distinct possède des protecteurs naturels directement intéressés à le défendre.

Dans une colonie soumise au régime militaire, il n'existe rien de pareil; les intérêts des administrateurs sont souvent en contradiction avec ceux des administrés : les premiers se souviennent trop qu'ils sont conquérants et ne savent pas assez faire oublier aux seconds qu'ils sont vaincus; toujours occupés à réprimer, ils songent rarement à prévenir; et les populations, au lieu de trouver chez eux les conseils et les ménagements nécessaires pour arriver à l'apaisement des passions

soulevées par la conquête, n'y rencontrent quelquefois que des accusateurs, prêts à leur reprocher la moindre plainte, à punir sévèrement la moindre impatience du joug.

Je suis loin d'attribuer aux militaires eux-mêmes ces tendances inhérentes, non aux personnes, mais à l'état des choses. Le malheur est qu'ils restent toujours militaires vis-à-vis du pouvoir qui les emploie, et que leurs services ne peuvent être appréciés par lui qu'à ce seul titre. Les officiers à qui l'on donne des positions administratives ne seront traités, par les corps auxquels ils appartiennent, qu'en raison de leurs actions militaires, et il ne leur sera tenu aucun compte des services rendus en dehors de leur spécialité. Cet état de choses, fort logique au fond, n'en constitue pas moins une injustice pour eux et un malheur pour leurs administrés.

C'est cet écueil qui a su être évité en partie en Cochinchine. Le corps de la marine, aux mains duquel sont remises les destinées de la colonie, est d'une constitution moins essentiellement militaire que le reste de l'armée, et, en raison même du rôle très-complexe qu'il est appelé à jouer partout, trouve facilement dans son sein les aptitudes les plus diverses. Il n'a eu qu'à s'inspirer des traditions que lui a léguées un glorieux passé pour mettre heureusement en œuvre les éléments épars de la colonisation qui lui était confiée. Après avoir conquis le pays, il a su l'organiser habilement, et, en triomphant par une énergique résistance du mauvais vouloir d'un certain parti, conserver à la France la plus belle de ses colonies actuelles. De tous les services que la marine rend quotidiennement au pays, celui-là marquera parmi les plus considérables, et l'on me pardonnera peut-être de l'avoir rappelé aussi longuement.

Malgré ces conditions plus favorables, au milieu desquelles s'est organisée la Cochinchine, malgré le parti qui s'y est formé et qui s'est voué exclusivement à la défense des intérêts du pays, on ne saurait dire que la colonie jouit de tous les avantages d'une administration civile, ou se trouve exempte de tous les inconvénients d'un gouvernement militaire. Mais c'est déjà beaucoup que l'on y réagisse contre des entraînements fâcheux, que l'on s'efforce de faire une part plus large et plus importante aux intérêts locaux. Telle aura été l'une des tendances les plus heureuses du gouvernement qui vient de donner deux années de paix et de tranquillité à la colonie.

Si malheureusement on se laisse encore aller en Cochinchine à certaines illusions d'optique; si, en pleine paix, au milieu des travaux de la récolte, un chef de parti a pu incendier un village et livrer aux flammes, au moment où la disette menaçait tous les pays voisins, une quantité de riz évaluée, dit-on, à cinq cents tonneaux, ces faits, communs autrefois, deviennent aujourd'hui de plus en plus rares, et l'étonnement profond qu'ils excitent prouve qu'ils ne tarderont pas à disparaître tout à fait. L'acte de répression sauvage auquel je fais allusion, démontre une fois de plus l'absolue nécessité d'une attribution de pouvoirs mieux définis et le danger qu'il peut y avoir à laisser au bras qui exécute l'appréciation judiciaire et administrative d'un désordre commis.

Il importe donc d'organiser d'une manière sérieuse le corps administratif en Cochinchine et de le faire jouir de tous les droits que supposent les devoirs élevés qui lui incombent. Pour assurer cette liaison entre l'administrateur et l'administré dont je parlais tout à l'heure, il faut que ceux qui le composeront n'aient d'autre position que celle qu'ils acquerront par l'organisation nouvelle, afin de les attacher irrévocablement aux destinées de la colonie. Il faut aussi que cette position soit faite assez belle et assez large pour attirer et conserver les officiers qui, par leur connaissance du pays, leurs études faites sur les lieux, les services immenses déjà rendus, se sont montrés les véritables initiateurs de la colonisation.

En recrutant le noyau ainsi obtenu de toutes les volontés jeunes et intelligentes qui auraient confiance en l'avenir du pays, en en exigeant des conditions rigoureuses d'aptitude et de stage, on arriverait assez rapidement à former un corps vraiment d'élite, énergiquement dévoué aux intérêts de la colonie, et qui, en lui créant une sorte d'autonomie, la placerait en dehors et au-dessus des changements et des inconvénients qui résultent du va-et-vient des gouverneurs.

En dehors de la stabilité et de l'unité surtout — jusqu'à présent demeurée impossible à réaliser, malgré les plus consciencieux efforts — que l'on obtiendrait par la création d'une administration régulière, le pays y gagnerait une répartition plus logique et plus juste de ses ressources, un contrôle mieux établi de ses finances. — On peut dire des corps spéciaux que la métropole prête à ses possessions d'outre-mer pour les travaux de tous genres à y accomplir, ce que je disais tout à l'heure des corps militaires proprement dits. Restant en dehors de la discussion des besoins locaux et nullement intéressés à leur étude, ils se préoccupent beaucoup plus de la question d'art en elle-même que du but pratique à remplir et des conditions restreintes auxquelles un budget naissant doit se soumettre. Faisant un séjour trop court d'ordinaire dans le pays pour arriver à le connaître au point de vue de leur spécialité, ils retournent en France avec la satisfaction — légitime — de grands et beaux travaux exécutés, mais en n'ayant qu'une idée assez vague de leur utilité réelle, de leur durée et de leur portée efficace.

Il en est résulté qu'à l'époque où la métropole permettait encore à la colonie de puiser dans ses caisses pour satisfaire aux nécessités d'une première installation, la plus grande et la plus active impulsion a été donnée aux travaux de toute sorte, et que toute cette activité est restée stérile; que l'on a fait pour Saïgon le plan gigantesque, mais un peu fantastique, d'une ville de 500,000 âmes, sans se préoccuper tout d'abord d'en rendre le séjour sain et le commerce commode au nombre beaucoup plus modeste de ses habitants présents; qu'on a creusé pour limiter et défendre cette ville chimérique, un canal immense dans une plaine déserte, qu'il ne réussit même pas aujourd'hui à arroser, au lieu d'achever le drainage du Saïgon réel, qui attend encore le creusement et l'assainissement de dix arroyos commencés; que l'on a tracé à grands frais dans le vide d'énormes artères aussi larges que les grandes voies de Paris, et où l'herbe pousse tristement, quand la ville attend encore des quais qui permettent un chargement et un déchargement faciles pour les navires de commerce, des cales commodes, des ponts plus solides et plus durables que ceux qui existent. On a fait venir, et l'on a payé fort cher à l'industrie anglaise, un dock flottant, destiné à remplacer un bassin que l'on déclarait impossible; et l'on en est à craindre, maintenant que ce dock est monté, qu'il ne réponde ni au but à remplir, ni à la solidité qu'exigent les forts courants de la rivière. — Enfin un pont considérable, qui avait coûté 150,000 fr., a été entraîné par les eaux, six mois à peine après son entier achèvement, et l'on a dû s'en féliciter comme de la disparition d'une entrave ruineuse pour la navigation intérieure.

On sent bien que je ne prétends nullement ici infirmer le talent et la distinction des corps auxquels la France doit ses plus beaux travaux, et l'une des parties les plus réelles de sa gloire ; je ne fais que constater l'inconvénient qui résulte de leur ignorance des besoins de la colonie. Il reste à créer le terme du rapport qui les liera irrévocablement aux intérêts locaux, qui fera concorder les moyens à employer et les effets à obtenir.

Nous sommes d'ailleurs heureusement bien loin des errements du passé, et l'Administration actuelle sait mesurer avec sagesse les travaux à accomplir aux ressources et aux besoins du pays; — mais réduite maintenant à son seul budget, elle ne peut marcher qu'avec la plus grande parcimonie, et l'on ne saurait s'empêcher de regretter cette lenteur forcée quand on songe à tout ce que pourraient produire d'heureux résultats dans la colonie trois ou quatre millions dépensés immédiatement avec intelligence. Un bassin surtout est le besoin le plus impérieux d'un port de commerce dans les mers de Chine. Saïgon ne pourra acquérir son développement normal qu'à cette condition, et l'on ne doit cesser de proclamer cette nécessité, d'en réclamer la satisfaction jusqu'à ce que l'on ait obtenu gain de cause.

Depuis près d'un an, un service local des ponts-et-chaussées, payé par la colonie elle-même, y a pris la direction de la plupart des travaux, et vient d'être placé tout récemment sous les ordres de la nouvelle direction de l'intérieur. — Mais cette innovation, tout en atténuant une partie des inconvénients que je signalais tout à l'heure, ne saurait constituer un état de choses définitif; et, ici encore, comme pour l'administration indigène, il est nécessaire d'avoir un corps spécial à la colonie, y faisant son avancement et sa carrière en entier, et n'ayant plus aucun lien hiérarchique avec la métropole.

Jusqu'à présent, dans un but d'économie mal entendu, on a réduit le personnel des officiers chargés de l'administration intérieure, je ne ne dirai pas au strict nécessaire, mais au strict insuffisant.

Il en est résulté une négligence inévitable dans l'accomplissement des devoirs multiples qu'ils ont à remplir, l'impossibilité de réorganiser le pays et surtout la perception des impôts, le maintien d'une foule d'abus que nous a légués le régime annamite, l'introduction de quelques autres, inhérents à la confusion d'idées qui est inséparable d'une besogne trop surchargée et trop hâtive. On a dû se contenter en effet de suffire au travail courant des affaires de chaque jour; et, en l'état, on ne peut songer encore aux études préparatoires et sérieuses que réclament les réformes que chacun sent nécessaires, sans pouvoir les entreprendre.

Pour n'en citer qu'une, mais la plus importante et la plus radicale de toutes, je parlerai de la constitution de l'impôt foncier annamite, évalué pour 1865 à environ 1,600,000 fr. Personne ne doute en Cochinchine, et des faits nombreux sont venus le prouver, que cette somme reçue par le Gouvernement n'en représente une beaucoup plus considérable payée par les populations. Les prélèvements faits par les différents intermédiaires indigènes qui s'interposent entre le trésor et le contribuable atteignent une proportion à peine croyable ; et je ne crois pas l'exagérer, en l'évaluant à plus du triple de la valeur réellement perçue par le Gouvernement. Je pourrais même citer de nombreux exemples où cette proportion a été beaucoup plus considérable. Les communes qui versent entre les mains de leurs notables et de leur maire leur impôt de l'année, ignorent à peu près ce qui leur est demandé par l'État et ne savent jamais au juste à quel point elles en sont vis-à-vis de lui. Le seul moyen de faire cesser cet état de concussion, qui appauvrit le pays sans aucun profit pour le budget, est de confectionner des rôles personnels, afin de mettre le contribuable lui-même en rapport immédiat avec le percepteur; pour cela, —qu'on me permette d'emprunter ce résumé précis à l'auteur du *Consulat et de l'Empire*. — « Il faut un état des propriétés avec évaluation de leur produit, un état nominatif des personnes avec évaluation de leurs facultés pécuniaires; il faut tous les ans modifier ces états, suivant la translation des propriétés, de main en main, suivant la naissance, la mort, le déplacement des personnes; il faut ensuite répartir tous les ans, entre les propriétés et les personnes, la somme d'impôts qui a été décrétée; il faut enfin une perception tout à la fois exacte et prudente : exacte, pour assurer les rentrées; prudente, pour ménager les contribuables. »

Rien de tout cela n'a pu être encore fait en Cochinchine : sur quelques points, un commencement de cadastre a été tenté et les résultats immédiatement acquis ont compensé au centuple les dépenses d'augmentation du personnel. On ne devrait donc pas hésiter à fournir aux administrateurs civils les moyens de commencer un travail si nécessaire pour la moralisation du pays, et pour l'augmentation des ressources financières. On en obtiendrait des données statistiques sur la population, la quantité et la qualité des terres en culture, qui seraient si précieuses pour la réussite des tentatives agricoles de nos colons. La répartition de l'impôt devenue plus égale donnerait un nouvel essor au développement des richesses de toute nature que peuvent fournir nos provinces, et quelques années suffiraient pour leur faire atteindre un degré remarquable d'aisance et de prospérité.

On voit qu'en admettant la proportion indiquée plus haut, nos trois provinces payent comme impôt foncier une somme supérieure au chiffre total des recettes prévues pour 1865, qui n'est que de 4 millions et demi. L'établissement de rôles personnels permettrait donc de renoncer à ces revenus factices et misérables que l'on a été obligé de se créer, à l'origine, à l'aide des fermes de l'opium et des jeux, et dont, par une sorte de pudeur instinctive, on a fait disparaître les désignations dans le budget de 1865. Ces fermes n'y figurent en effet qu'en bloc, pour une somme de 1,100,000 fr., sous le nom de contributions indirectes.

Je ne crois pas nécessaire de démontrer bien longuement qu'il faut faire enfin cesser ces monopoles honteux, que les temps de troubles de la conquête ont pu nécessiter un instant, mais qui ne sauraient être maintenus aujourd'hui sans porter une grave atteinte à la moralité du pays et à la dignité de notre domination. On a prétendu que l'habitude de fumer l'opium était trop invétérée pour qu'aucun moyen répressif fût efficace à en arrêter les progrès, et l'on en a conclu qu'il valait mieux bénéficier de cette tendance en la grevant de forts impôts que de s'efforcer de la combattre inutilement. Je ne sais pas jusqu'à quel point on peut nier la possibilité du bien quand on n'a même pas tenté de l'accomplir, et cet argument ne constitue qu'une excuse commode, mais peu acceptable, jusqu'à ce qu'une expérience décisive lui ait donné raison. Ce qu'il y a de certain, c'est que l'opium, prohibé sous le régime annamite et introduit furtivement en contrebande pour le seul usage des Chinois et de quelques riches indigènes, s'est répandu aujourd'hui jusque dans la population ouvrière, où sa consommation augmente tous les jours. Notre facilité a donc aggravé le mal, et si on attend encore quelque temps, cette faute, j'en conviens, pourra devenir irrémédiable. Nous n'avons même pas l'excuse qu'avait l'Angleterre, lors de la fameuse guerre de 1840, de vouloir ouvrir un débouché à une production nationale, puisque c'est le commerce anglais qui bénéficie de l'importation de l'opium en Cochinchine; et, après avoir montré une si grande, et d'ailleurs si légitime indignation contre la conduite des Anglais envers la Chine, sied-il à la France de se donner à Saïgon un démenti flagrant et de faire elle-même inconsidérément ce qu'elle a tant blâmé chez les autres.

Je ne parle pas ici de tous les inconvénients qu'entraîne l'exploitation d'une branche de commerce monopolisée entre les mains d'un seul individu, des dénonciations que celui-ci est obligé de payer pour sauvegarder ses bénéfices, des actes coupables auxquels se portent des malheureux excités par l'appât de la récompense promise, du cortége de perquisitions et de confiscations souvent injustes auxquelles l'Administration est tenue de prêter les mains. Le demi-million que rapporte le fermage ne saurait payer la dignité perdue par cette coopération, et il vaudrait mieux admettre la liberté absolue du commerce de l'opium que de subir un si coûteux monopole.

Les fermes des jeux ne sont guère plus honorables, ne présentent guère moins d'inconvénients. Elles sont également d'origine française ; car les lois annamites prohibaient sévèrement toute réunion de joueurs. Je ne prétends pas dire que ces lois fussent observées : elles indiquent seulement que le législateur avait reconnu la gravité et l'importance du mal. Profondément implanté dans les mœurs de la population, le jeu est la plaie vive de toutes les classes et de tous les âges. Ce ne sera qu'en essayant de déraciner cette passion furieuse du hasard, que nous pourrons introduire les habitudes de travail, si nécessaires pour tirer parti de la nombreuse population qui vit au jour le jour des ressources trop faciles qu'offre le pays ; que nous obtiendrons d'elle l'amélioration et le développement des cultures ; que nous la rendrons prévoyante et sage ; que nous créerons chez elle des besoins autres que les émotions d'une table de jeu. Il est inutile de faire remarquer combien souvent sont graves les désordres qui se passent dans les maisons de jeu, et quelle cause de trouble leur existence officielle constitue au milieu d'un centre de population.

Les revenus que donnent tous ces fermages seraient sinon complétement remplacés, au moins presque compensés par les fortes amendes que l'on pourrait frapper, après prohibition complète de l'opium et des jeux, sur tous les contrevenants; et les administrateurs, en recherchant et poursuivant activement les coupables, auraient au moins la satisfaction de défendre les lois de l'hygiène et de la morale, au lieu d'employer leur argent à protéger, à l'encontre de ces lois, certains particuliers munis d'un privilége.

Ainsi, l'augmentation du personnel administratif donnerait satisfaction à tous les intérêts : le Gouvernement y gagnerait, avec un accroissement de recettes, une plus grande action et une plus haute influence morale sur le pays; les contribuables se verraient affranchis des exactions des autorités communales, seraient mis en rapport plus direct avec l'autorité; la propriété, reconnue et garantie, jouirait de transactions plus faciles et moins précaires que celles auxquelles elle ose à peine se hasarder aujourd'hui.

Ce qui manque surtout dans les rouages de l'administration indigène, c'est le personnel subalterne nécessaire pour organiser des bureaux dont aujourd'hui un inspecteur constitue souvent à lui seul tous les éléments. A la fois juge et greffier, préfet, maire, notaire, percepteur, conservateur d'hypothèques, géographe, il est tout, jusqu'à agent voyer et coureur d'arroyos. On peut en conclure assez logiquement qu'il ne réussit en rien à être bien complet, et l'on peut s'étonner à bon droit qu'avec cette multiplicité de fonctions on ait obtenu d'aussi heureux résultats que ceux que l'on peut constater sur presque tous les points de la Cochinchine.

Telles sont les réformes ou plutôt les créations administratives à faire. Leur nécessité est assez évidente pour espérer qu'elles sortiront bientôt des études qui sont ordonnées en France sur l'organisation de la Cochinchine. Des services distincts, ayant une hiérarchie à part et devant remplir des conditions spéciales, devraient assurer partout le fonctionnement de la perception des impôts et de la justice. Les corps militaires, concentrés dans les principaux centres de population ou sur des points stratégiques, d'où leur dissémination rapide dans le pays serait facile, devraient se renfermer absolument dans les attributions assignées aux garnisons en France ; la police de l'intérieur, dépendant de l'Administration civile, serait faite par des milices indigènes servant autant que possible sur les lieux mêmes où elles auraient été levées, et surveillées partout par un noyau français composé de gendarmes et dirigé par un officier.

III.

A la reprise d'affaires et à l'activité de constructions qui se faisaient remarquer à Saïgon, au commencement de l'année **1864**, *ont succédé peu à peu un marasme* et une immobilité dont les craintes éveillées par les négociations de juillet **1864** ont été les premières causes, mais dont la prolongation aujourd'hui doit être attribuée à des motifs différents. Les prix élevés auxquels ont été vendus les terrains déjà bâtis et la cherté des constructions, ont absorbé la plus grande partie des capitaux — d'ailleurs peu considérables — dont disposait la place ; et ces mêmes prix de vente, maintenus aujourd'hui encore à des taux exorbitants, découragent les constructeurs et arrêtent tout développement de la ville. D'un autre côté, le manque de facilités pour l'accostage des bateaux de chargement, l'éloignement considérable des magasins du bord de l'eau, éloignement qui augmente les frais de transport, et certaines tracasseries inhérentes en général aux villes militaires, ont éloigné les commerçants chinois qu'il eût été pourtant bien facile de retenir et de fixer à Saïgon. La ville de Cholen a bénéficié de cette faute commise par sa voisine, et elle s'est agrandie et réédifiée avec une rapidité vraiment surprenante. Aujourd'hui l'activité merveilleuse qui y règne fait un singulier contraste avec la stagnation et la solitude de la capitale ; et cependant, si l'on compare les sacrifices faits par le budget de la colonie pour ces deux villes, on est tout étonné de voir que Saïgon, qui produit peu, a absorbé la partie la plus notable des sommes affectées aux travaux d'utilité publique, tandis que Cholen, dont les recettes composent à peu près le cinquième du budget total, n'a reçu en deux ans qu'une affectation de moins de cent mille francs. Ce n'est pas que les terrains se soient vendus moins cher à Cholen qu'à Saïgon : ils ont atteint, au contraire, des valeurs très-considérables; mais elles ont résulté d'enchères libres et publiques où il n'avait pas même été indiqué de mise à prix. Des quais en pierre de Bien-Oa, sur un développement de plusieurs kilomètres, donnent au commerce des avantages que Saïgon enviera encore pendant longtemps ; enfin une réglementation moins excessive, ou, pour mieux dire, réduite aux strictes mesures d'ordre et de police, ont suffi pour faire affluer à Cholen les capitaux chinois. On ne peut cependant pas contester à Saïgon une position bien plus heureuse que celle de Cholen, puisque c'est le point de chargement choisi par les navires de commerce, et que l'entrepôt immédiat des denrées de l'intérieur y éviterait les frais d'un transbordement et d'un voyage de jonques, que subissent en plus les marchandises emmagasinées à Cholen et destinées à l'extérieur. — Ainsi, d'un côté, on a laissé faire, et le commerce a su, sans aide, se créer une ville et atteindre rapidement un développement dont le Gouvernement a été le premier à profiter; de l'autre, on a voulu violenter le cours naturel des choses et fixer d'avance toutes les conditions du problème commercial, et l'on a fait le vide autour de soi, en se privant des ressources qu'on eût pu créer pour l'avenir.

Les prétentions élevées, exagérées, pour la vente des terrains de Saïgon, se basent sur les premiers prix obtenus à une époque déjà éloignée de nous, alors que les quelques Européens venus à la suite de l'expédition de Cochinchine réalisaient des bénéfices considérables. Aujourd'hui la concurrence a changé ces conditions, et les négociants ne peuvent plus supporter des frais d'installation aussi ruineux. Il faut donc, si l'on veut voir Saïgon franchir le point d'arrêt où il est aujourd'hui stationnaire, laisser le prix des terrains ressortir de la libre concurrence des enchères et ne pas prendre comme point de départ une mise à prix qui tout d'abord éloigne les acheteurs. Il faut comprendre qu'il vaut encore mieux vendre aujourd'hui à des prix relativement minimes, que de laisser improductif et sans valeur un immense capital, dont la remise entre les mains du commerce, en augmentant la circulation et la richesse d'une ville, finit tôt ou tard par se traduire en recettes considérables pour le budget.

L'élément annamite, aujourd'hui à peu près complétement disparu de Saïgon, ne demanderait pas mieux que d'y rentrer si l'Administration se départissait de conditions trop onéreuses. Le temps des défiances et des frayeurs est passé, et d'ailleurs les indigènes qui se fixeraient à Saïgon n'appartiendraient qu'à la classe riche et élevée de la population.

En dehors de Saïgon, les concessions agricoles ont été basées sur des conditions plus larges et plus intelligentes. — On n'a pas commis la faute de les donner gratuitement ; mais on a essayé de faire au concessionnaire la part la plus belle et la plus encourageante possible. La réglementation à cet égard n'est pas encore définitive, et les projets à l'étude satisferont sans doute et les intérêts des colons et ceux de la colonie.

Comme on l'a fait remarquer souvent, la richesse la plus réelle de la Cochinchine réside surtout dans ses facilités de production, dans des ressources agricoles aussi variées que considérables. En dehors du riz, dont la culture bien connue et facile à améliorer serait pour un colon une source certaine de fortune, il est beaucoup d'autres produits qui pourraient donner assez rapidement des résultats très-lucratifs : l'élève du mûrier, l'exploitation du cocotier, la culture de la canne, du tabac, du coton, etc.; mais les renseignements et les données nécessaires pour établir des plantations de cette nature sont encore si vagues, si indéterminés, qu'un colon, ne disposant que de faibles capitaux, hésite tout d'abord à s'engager dans une voie aussi peu connue ; ou, s'il est hardi, vient se heurter, dès le principe, à une difficulté imprévue qui annihile toutes ses espérances. Il serait facile à l'Administration d'éviter ces tâtonnements ruineux et d'obtenir rapidement les renseignements nécessaires aux tentatives agricoles, par l'établissement d'une ferme-modèle, qui fournirait, sous une direction intelligente et éclairée, toutes les données indispensables aux diverses exploitations. Rien ne serait moins coûteux et plus utile qu'une pareille fondation, à laquelle concourraient avec empressement tous les membres de la colonie. Des essais d'acclimatation des différentes plantes encore à introduire dans le pays, des expériences faites sur une petite échelle des sols les plus propres aux diverses cultures, des tentatives d'assolement ou d'amélioration à l'aide d'engrais, permettraient d'établir sur des calculs solides les spéculations pour lesquelles en France on demande depuis si longtemps et si vainement des chiffres précis. L'Administration, je le répète, est seule apte à faire réussir une entreprise de ce genre pour laquelle elle dispose de terrains variés. Chaque province de nos possessions devrait avoir sa ferme-modèle où les cultivateurs indigènes viendraient à leur tour puiser des améliorations qu'ils soupçonnent à peine et qui doubleraient leurs revenus, et apprendre l'usage d'instruments aratoires dont ils ignorent jusqu'à l'existence.

L'élève du bétail devrait également attirer l'attention du Gouvernement, et pendant qu'il en est temps encore, on devrait songer à arrêter la diminution rapide des bœufs nécessaires à la consommation et à en assurer la reproduction pour l'avenir. Des encouragements devraient être donnés aux éleveurs de buffles; des essais devraient être tentés pour l'acclimatation du mouton. Il faut songer à réparer dès aujourd'hui les effets du gaspillage des ressources de toute nature qu'offrait le pays à notre arrivée, afin de ne pas se ménager pour l'avenir des regrets tardifs et irréparables.

Enfin, l'exploitation de nos ressources forestières devrait ne pas tarder à être soumise à un régime qui en sauvegardât la conservation.

La création de voies de communications faciles avec l'intérieur, l'exploration du Donnai, des Vaïco, du Cambodge et leur appropriation comme moyens de transport, l'ouverture de marchés et de débouchés avantageux aux productions des populations qui nous entourent, achèveraient de donner à Saïgon toute l'importance dont il est susceptible comme centre d'exportation. Les relations ainsi créées amèneraient, au bout d'un certain temps, un courant contraire d'importations européennes dans l'Indo-Chine, dont Saïgon serait l'entrepôt, comme il est appelé à le devenir au moins pour les produits français, dans le bassin entier des mers de Chine. A ce sujet, on a objecté que sa position intérieure, à cinquante milles de la mer, devait faire renoncer à toute espérance de cette nature. Je ne réfuterais pas cet argument s'il n'avait été donné par un journal — ordinairement sérieux — et qui défend avec talent les intérêts de la Cochinchine française, je veux parler du *Courrier de Saïgon*. Il me suffira de faire remarquer que les plus grands entrepôts du globe, à commencer par Londres et à finir par Shang-Haï, se trouvent tous au fond de rivières, à une certaine distance du littoral; que la sécurité plus grande et les facilités plus considérables de chargement et d'emmagasinage qu'offre une pareille position la justifient amplement, et que la profondeur, la tranquillité et l'absence presque complète de difficultés maritimes dans la rivière de Saïgon la mettent bien au-dessus du Yang-Tsé-Kiang, par exemple, dont les atterrages sont si difficiles. — Et cependant, quoique l'entrée de Shang-Haï soit pavée des coques des navires qui s'y sont perdus, ce port n'en a pas moins attiré à lui la plus grande part des importations européennes en Chine, a diminué singulièrement le rôle et l'influence de Hong-Kong, et prendra de plus en plus, si les complications politiques de la Chine ont enfin un terme, une extension et un développement considérables.

Je m'arrêterai ici dans cet exposé, peut-être un peu trop rapide, des moyens qui me semblent propres à assurer l'avenir et la colonisation de la Cochinchine française.

En résumé, la prise de possession des six provinces qui la composent géographiquement, l'organisation, sinon d'un gouvernement civil, du moins d'une administration locale particulière à la colonie, le développement de ses ressources agricoles et de l'influence commerciale de notre pavillon dans l'Indo-Chine, me paraissent possibles à réaliser dès à présent, sans augmentation de dépenses et par les seuls moyens de la colonie. En se hâtant de lui donner une assiette définitive, on s'épargnera les longs et coûteux tâtonnements d'une politique obscure et indécise, d'un gouvernement de personnes trop variables et trop instables.

En indiquant les fautes commises et les réformes à tenter, j'ai essayé de m'inspirer de l'opinion générale de ceux qui ont assisté au début à l'enfantement de la colonie et qui y ont pris une part active et intelligente. Je crois n'avoir été, dans la plupart des cas, que leur écho et leur interprète, et leurs suffrages est la seule récompense que j'ai ambitionnée. Mais je rappellerai, en terminant, et c'est la pensée qui doit dominer ces lignes, qu'en définitive il a été beaucoup fait en peu de temps pour notre colonie; que si les choses, vues de très-près, laissent apercevoir encore quelques imperfections, leur ensemble ne laisse pas que d'être très-satisfaisant; qu'en un mot, le Gouvernement et le pays peuvent se féliciter des résultats obtenus par l'Administration honnête et pacifique qui vient de fermer les plaies de la conquête et d'assurer la conservation et l'avenir de la Cochinchine française.

Saïgon, le 1er mars 1865.

Typ. Charles de Mourgues frères, rue J.-J. Rousseau, 8.

www.ingramcontent.com/pod-product-compliance
Lightning Source LLC
LaVergne TN
LVHW020254230826
846091LV00006B/2406

9782013424882